CARL ORFF · Fotodokumente 1978–1981

Hannelore Gassner

CARL ORFF

Fotodokumente
aus der Zeit von 1978–1981

Werner Thomas

CARL ORFF

Buchendorfer Verlag

Die Deutsche Bibliothek – CIP-Einheitsaufnahme

Gassner, Hannelore:

Carl Orff : Fotodokumente ; 1978–1981 /
Hannelore Gassner. Carl Orff / Werner Thomas. – München:
Buchendorfer Verl., 1994
ISBN 3-927984-30-2
NE: Thomas, Werner: Carl Orff; HST

In Verbindung mit dem Orff-Zentrum München

Gestaltung: Manfred Lüer, Gräfelfing
Reproduktionen: Nordlitho Hans Beck, München
Satz: Satz + Grafik, Planegg
Druck: Peradruck, Gräfelfing
Bindung: Thomas, Augsburg
ISBN 3-927984-30-2
Printed in Germany

INHALT

Werner Thomas

CARL ORFF

Der Nachdruck des leicht überarbeiteten
und ergänzten Essays »Carl Orff« aus: »Die großen Deutschen
unserer Epoche«, hg. von Lothar Gall, Berlin 1985, erfolgt
mit freundlicher Genehmigung des Propyläen-Verlags Berlin.

Er wirkt in der Musik- und Theaterlandschaft des zwanzigsten Jahrhunderts wie ein erratischer Block. Er erregt Anstoß, wo er nicht spontan begriffen wird. Die einen wundern sich, wie er einer der meistgespielten, weltweit verbreiteten zeitgenössischen Musiker geworden ist. Andere haben Mühe, die ihm eigene Relation von Musik und Sprache und die Klangtektonik seines Bauhüttendenkens zu verstehen. Die Evokation der antiken Sprachen als Medien der Szene läuft Gefahr, als humanistische Marotte mißdeutet zu werden. Das bairische Idiom seiner vermeintlichen »Libretti« wird als dialektale Heimatkunst mißverstanden. Die Theater fürchten die Schwierigkeiten der Realisation seiner szenischen Visionen und der instrumentalen Besetzung seiner Großwerke. Grillparzers Maxime »Die Menschen verstehen alles, nur das Einfache nicht« gilt für Musikpädagogen, welche die Elementarität seiner musikerzieherischen Idee für Primitivität halten. Die Öffentlichkeit schließlich ist dahingehend informiert, in ihm vorwiegend den Erfinder des nach ihm genannten Instrumentariums oder den Autor der *Carmina Burana* und der *Klugen* zu sehen.

Orff als Gesamtphänomen, seine transhistorische Physiognomie, seine Fähigkeit zur Synopse und Verschmelzung geschichtlicher Horizonte, sein Hinabtauchen in den »Brunnen der Sprache«, die interpretierende Umgestaltung von scheinbar Vergangenem aus der Schaukraft des »rückwärts gekehrten Propheten«, die Erneuerung des Theaters als bedeutungsmächtiges Bildpotential und verweisungskräftiges Sinngefüge, die Wiedergewinnung der antiken Tragödie als Musiktheater mit heutigen Mitteln – das alles gilt es erst noch in seinen Dimensionen zu entdecken und zu bedenken, inwieweit hier einer schöpferischen Individualität ein geschichtlicher Auftrag zugefallen ist. 1970 sagte Orff vor den Exponaten einer seinem Bühnenwerk gewidmeten Ausstellung der Bayerischen Staatsbibliothek München: »Das ist nur das Holz; auf die Flamme kommt es an; ein geistiges Licht anzuzünden – das ist wichtig.«

Carl Orff wurde am 10. Juli 1895 in München geboren. Kindheit und Jugend hat er selbst im ersten Band seiner *Dokumentation* beschrieben. Greifbar erstand sie, wenn er vor den Ahnenbildern in seinem Diessener Heim erzählend verweilte.

Ein Aquarell von 1844 zeigt das »Orff-Häusl« am Eingang zum Englischen Garten als repräsentatives Domizil einer bekannten großbürgerlichen Familie. Den gleich seinem Urgroßvater durch Verleihung des Kronordens geadelten Großvater Dr. h. c. Carl von Orff schildert er – nach einer militärischen Karriere bis zum Generalmajor – als weltfernen Gelehrten auf den Gebieten der Geodäsie, Mathematik und Astronomie.

Mit ihm, einem Freund des Prinzregenten, durfte er in der Residenz aus- und eingehen und im Fiaker zur Sternwarte nach Bogenhausen fahren. Der Großvater mütterlicherseits, Karl Köstler – ebenfalls Generalmajor –, betätigte sich als Historiker der *Gebiets- und Ortskunde des Königreiches Bayern*, wie der Titel seines mehrbändigen Handbuchs lautet. Ihm verdankte der kleine Carl die abendlichen Spaziergänge durch Alt-München, bei denen der Großvater die Phantasie des Enkels durch Geschichten, Märchen und Sagen unermüdlich anregte. Aber auch die musikalischen Aktivitäten des jungen Carl verfolgte er, selbst begeisterter Musikliebhaber und Gründer des Orchestervereins »Wilde Gungl«, mit Hingabe und wurde mit einer von 1895 bis 1916 reichenden »Chronik« des Enkels erster Biograph.

Orffs Elternhaus in der Maillingerstraße war umgeben und erfüllt von Musik. Von der benachbarten Kaserne tönte Regimentsmusik, allabendlich Volksmusik aus den Wirtsgärten der Straße. Der Vater, Heinrich Orff, war ebenfalls Offizier und passionierter Musiker. Die Mutter, Paula Köstler, ausgebildete Pianistin, erreichte schon mit zwölf Jahren Konzertreife. Von ihr hat der Sohn die stärkste musikalische Prägung erfahren. Die Eltern spielten täglich vierhändig, am Wochenende im häuslichen Kreis Streichquartett und Klavierquintett. Dazu kam die kundige Lenkung seiner musikalischen Aktivitäten, sei es am Klavier, wo es ihm mehr ums Phantasieren und Improvisieren ging als ums Üben, sei es bei der Erlernung der Notenschrift und der Aufzeichnung der ersten »Kompositionen«. Musizieren wurde dem Knaben zur Primärerfahrung, lange bevor er (1903) mit dem Konzertsaal in Berührung kam. Der Weg des Autodidakten – Orff sprach gern von seinem »Wildwuchs« – war vorgezeichnet.

Ähnlich stand es mit frühen Theatereindrücken. Kirchliche und militärische »Schauspiele« prägten sich tief ein: die alpenländischen Weihnachtskrippen, die in verdunkelten Kirchen zelebrierten Osterfeiern, die nächtlichen Zapfenstreiche in der illuminierten Stadt und die militärischen Festmessen mit der trommelunterlegten Wandlung als musikalischer »Trionfo«. Die ersten Eindrücke des Vierjährigen vom Kasperle »auf der Wies'n«, des Sechsjährigen vom Marionettentheater an der Blumenstraße – es spielt heute Orffsche Werke bis zum *Prometheus* ! – setzten sich in eigene theatralische Betätigung um. Der junge Orff war Textdichter, Komponist, Bühnenbildner, Ausstatter, Regisseur, Schauspieler-Sänger, Bühnenarbeiter und Beleuchter einer totalen Szene.

Alt-München war aber nur der städtische Schauplatz von Orffs Jugend. Der andere war die Voralpenlandschaft um den Ammersee. In Unteralting bei dem Wallfahrtsort Grafrath an der Amper wurde das Landhaus der Eltern zum Ausgangspunkt vieler Entdeckungswanderungen des Knaben, der für Natureindrücke ebenso empfänglich war wie für die archaisch anmutende Geschichte dieser Landschaft. Hier fand er Kräuter und Blumen, die ihn zu einer »Romantischen Botanik« inspirierten. Hier erlebte er im aufsteigenden Jahr die duftigen Vorfrühlingstage überm See. Der Frühling blieb zeitlebens seine Jahreszeit. Wo Frühlingsszenen in seinem Werk begegnen, leuchtet es: im *Primo vere* der *Burana*, in der Erzählung des Wächters an Christi Grab vom Auferstehen der Natur im *Osterspiel*. In späteren Jahren ging der ebenso leidenschaftliche wie fachkundige Gärtner Orff im Vorfrühling manchmal mit einer Kanne heißen Wassers über seinen Rasen, um die Schneereste zu tilgen. Es war seine Art des Winteraustreibens.

Schulische Probleme entspannten sich nach dem Wechsel vom Ludwigsgymnasium zum Wittelsbachergymnasium. Lieblingsfächer waren die alten Sprachen: »Homer lesen war für mich Musik.« Durch die neue Schule gefördert, rückte die Musik immer stärker in den Mittelpunkt. Orff bekam dank seines hohen Soprans solistische Aufgaben im Kirchenchor und durfte an Klavier und Orgel begleiten, freilich innerhalb eines dürftigen Repertoires an Orgelmessen des 19. Jahrhunderts. Wichtiger als Cello-Unterricht und Schulorchester wurde ihm das Duettsingen mit der Mutter, vorwiegend Mozart im originalen Italienisch.

Der erste Opernbesuch des Vierzehnjährigen, *Der Fliegende Holländer*, brachte »eine Lawine ins Rollen«. Er hörte den *Ring* und *Tristan,* alle Mozartopern des Spielplanes, *Salome, Elektra;* die Klassiker des Schauspiels; im Konzertsaal die Wiener Klassiker, Berlioz, Bruckner, Strauss, Mahler und Debussys *Nocturnes* – alles ist mit Daten in der Chronik des Großvaters verzeichnet.

Die Folge der Hinwendung zur Musik war eine rasch wachsende Entfremdung von der Schule. Gegen das Versprechen, das »Einjährige« abzulegen, durfte er sie verlassen, um sich für die Aufnahmeprüfung in die Akademie der Tonkunst in München vorzubereiten. Er bestand sie 1912. Doch weder der vorausgegangene Privatunterricht in Harmonielehre noch die konservativ-altväterliche Art der Unterweisung in der Kompositionsklasse der Akademie ließen sich auf Orffs »Wildwuchs« adaptieren.

Seit 1910 hatte er sich, zum dritten Mal mit op. 1 beginnend, zur Vertonung zeitgenössischer Lyrik vorgetastet. Unter den etwa sechzig bis 1912 entworfenen Liedern findet sich ein Zyklus nach Karl Stielers Gedichtfolge *Eliland, ein Sang vom Chiemsee*, der sensitiv und farbig aus klanglichem Rohmaterial herausmodelliert ist. Der Großvater hatte die Drucklegung dieses op. 12 finanziell unterstützt. Zur gleichen Zeit hat Orff zu Texten aus Nietzsches *Zarathustra* drei Chöre mit ausladend besetztem Orchester aufgeboten. Rückschauend meinte er dazu, er sei bei diesem Dädalus-Unternehmen zwischen lauter Wagnerblöcken wenigstens weich gefallen.

Debussy hatte den Anspruch gestellt, »die Musik nach Wagner zu finden«. Orff vergleicht die Begegnung mit ihm einem »Dammbruch, der meine ganze geistige Landschaft veränderte«. Er verfiel, zugleich von dem abgründigen Sog Maeterlinckscher Dichtung angezogen, dem »style debussyste« mit Haut und Haar. Folgen dieser Faszination waren drei in sich ganz verschiedene Entwürfe der Jahre 1913/14, weder formal noch technisch bewältigt, aber hingeworfen mit der stürmischen Kraft und Attitüde des Aufbruchs zu neuen Ufern.

Vor dem atmosphärischen Hintergrund der Zuneigung der Epoche zur »Art japonais« ist op. 20: *Gisei, das Opfer* zu sehen. Durch Debussys *Pelleas* befruchtet, wollte Orff das in Japan sehr bekannte Trauerspiel *Terakoya – Die Dorfschule* in ein europäisches Musikdrama umwandeln. Er scheiterte, nicht weil er zuwenig konnte, sondern weil er zuviel wollte.

Noch deutlicher an Debussy orientiert ist das Orchesterspiel *Tanzende Faune*, eine expressiv-gestische Musik für ein Tanztheater im Geist des klassischen Ballet d'action. Ein Aufführungsversuch durch das Akademieorchester brach in der orgiastischen Rhythmik und den irisierenden Klangschleiern bei der ersten Probe zusammen. Es war eine weitere Experimentierphase eines noch ungerichteten Weges.

Der dritte Versuch, *Treibhauslieder* nach den *Serres chaudes* Maeterlincks, blieb bezeichnenderweise unvollendet. Orff schwebte ein »Traumspiel« vor, Impressionen ohne Handlung, eine Art musikalischer Poésie pure. Hier standen neben Debussy die Ton-Geräusch-Kombinationen und die »Enharmonie« der Futuristen sowie die atonalen Umbruchswerke Schönbergs Pate. Die Klangmontage mit Einbeziehung naturalistischer Geräusche und verfremdeter Instrumentaleffekte, der gleichzeitige Ablauf einer Grammophon-Aufnahme einer singenden Zikade hätten auf einen Vertreter der vordersten Avantgarde schließen lassen. Aber Orff spürte, daß dies nicht sein Weg war. Mit einem leidenschaftlich erlittenen Autodafé beendete er seine *Hommage à Debussy*. Er sah in diesem Akt eine »notwendige Katharsis«. Geblieben war ihm aus diesen von geistiger Spannung bebenden Jahren vor dem ersten Weltkrieg die »Neugeburt des Denkens« (Franz Marc), die »Der Blaue Reiter« (1912) proklamiert hatte. Musikalischer Wegweiser wurde ihm wieder Richard Strauss.

Die Kriegsjahre wurden zu Lehrjahren für das Theater. Eine Kriegsdienstleistung 1917 endete rasch an der Ostfront mit vorübergehend schweren gesundheitlichen Folgen. Nach seiner Genesung studierte Orff Klavier bei Hermann Zilcher, arbeitete als Korrepetitor und kam schließlich zu Otto Falckenberg an die junge Bühne der Münchner Kammerspiele. Das Schauspiel mit Shakespeare, Wedekind und Strindberg, aber auch mit Karl Valentin brachte neue Einsichten zur Relation von Sprechbühne und Musiktheater. Hier tauchte – bei aller Hochachtung Orffs vor Mendelssohn – der Gedanke einer Musik zum *Sommernachtstraum* auf, der ihn über Jahrzehnte nicht mehr losließ. In immer neuen Fassungen versuchte er, das Pandämonium des Stückes in klangmagischen Äquivalenten auszuformen.

Daraus wurde vorerst – während kurzer Kapellmeistertätigkeiten bei Furtwängler am Nationaltheater Mannheim und am Landestheater Darmstadt – eine an Richard Strauss orientierte Bühnenmusik zu Büchners *Leonce und Lena*. Nach der Agonie des Kriegsendes kehrte Orff nach München in sein Geburtshaus zurück.

Die zweite Phase der Lehrjahre zwischen 1919 und 1935 ist die Epoche seiner personalen Stilfindung. Sein Lernen vollzieht sich nicht in passivem Aneignen, sondern in schöpferischem Zugriff. Dazu fand er Geburtshelfer.

»Alte Meister studieren!!!« hatte er 1917 im Felde in sein Tagebuch geschrieben. Partituren von Lasso bis Buxtehude türmten sich, wie sein Schüler Karl Marx erzählt, auf seinem Flügel. Kontrapunktübungen verdichteten sich später (1929) zu organalen Cantus-firmus-Sätzen. Ein kurzes Studium bei dem spätromantischen Hymniker Heinrich Kaminski (1920) bereicherte Orff mehr im Gespräch als durch Aneignung von Kaminskis meisterlicher Satztechnik. Fast gleichzeitig mit Wolfgang Graesers Einrichtung bearbeitete Orff die *Kunst der Fuge* für mehrere Instrumentalkörper. Das

Kleine Konzert für Cembalo, Bläser und Schlagwerk (1927) war die Frucht seiner Beschäftigung mit Lautenmusik des 17. Jahrhunderts.

Geradezu spektakulär wurde seine Umarbeitung von William Byrds Cembalostück *The Bells* zu einer *Entrata* für fünfchöriges Orchester und Orgel. Hermann Scherchen ließ das Werk 1930 von Lautsprechertürmen auf dem Messegelände von Königsberg ausstrahlen. 1978 erklang es als Turm- und Stadtmusik in München.

Zu experimentierender Projektion tradierter Musik stand Orff der Münchner Bachverein und die »Vereinigung für zeitgenössische Musik« offen. Die Bearbeitung der Bach zugeschriebenen *Lukaspassion* als halbszenisches, episch-religiöses Lehrstück mit Brechtanklängen, die Einrichtung von Bendas *Ariadne auf Naxos* für Marionetten (beides 1932), die durch Verwendung von Lautsprecheranlagen visionäre Raumwirkungen anzielende Wiedergabe der Auferstehungshistoria von Schütz (1933) waren »Fingerübungen« für das ihm vorschwebende Musiktheater.

Zu diesem Ziel war er freilich schon über ein Jahrzehnt auf dem Wege. 1921 hatte ihn Curt Sachs auf Monteverdi verwiesen. Die Anfänge des Musikdramas erschienen Orff wie eine Begegnung mit sich selbst. Mit Monteverdi begann seine lebenslange Suche nach den »Archetypen des Theaters« (Wolfgang Osthoff). In immer neuen Fassungen umwarb er ihn mit freien Nachgestaltungen in moderner Orchesterbesetzung: *Orpheus, Klage der Ariadne, Tanz der Spröden.* Die verbindende Leitidee fand er in dem Renaissance-Topos des *Lamento*: Klage des Mannes, der Frau, der törichten Mädchen als Quasi-Satyrspiel. 1956 faßte er die drei Stücke zu einem *trittico teatrale: ›Lamenti‹* zusammen.

Zu den Lehrjahren des Experimentierfreudigen gehörte die Werkstatt. Sie fiel ihm zur rechten Zeit zu. Aus der Bekanntschaft mit der theatererfahrenen Tanzpädagogin Dorothee Günther entstand 1924, getragen von der Atmosphäre der »Neuen Tanzbewegung«, die heute schon legendär anmutende Güntherschule, die internationalen Ruf erlangte. Hier konnte Orff im Zusammenwirken mit der durch ihre Doppelbegabung für Musik und Bewegung zur Mitgestalterin prädestinierten Gunild Keetman und der Tänzerin Maja Lex seine Ideen von einer Tanz und Szene anzielenden Einheit von Sprache, Musik und Bewegung erproben. Dafür waren spezifische Instrumente zu entwickeln, welche die Tänzer wie »Requisiten« in die Bewegung einbeziehen konnten. Stabspiele, Blas- und Schlaginstrumente orientierten sich an der exotischen Musik, aber auch an Renaissance und Barock. Aus den »Protokollen« zahlloser improvisatorischer Entwürfe erwuchs die 1931 publizierte *Rhythmisch-melodische Übung.* Es war – mit einem Wort Franz Marcs für ein Skizzenbuch gesagt – ein »Arsenal für eine Schöpfung«.

Die Güntherschule wurde 1945 durch Brandbomben zerstört. 1948 regte der Bayerische Rundfunk eine Umsetzung in pädagogische Modelle an. Orff wurde fast ungewollt zum Pädagogen. Zwei seiner Grundzüge aber kamen diesem Auftrag entgegen. Sein Klangdenken ermöglichte ihm ohne Rangverlust ein Rekurrieren von der Großform zur Zelle und umgekehrt. Er hat das Schulwerk gern seinen »Steinbruch« genannt. Zum andern war er dem Jungsein, dem Wachsenden, zu Formenden wesensgemäß tief verbunden. Er liebte die Kindwelt, sah sie mit der frommen Naivität eines Ludwig Richter oder Matthias Claudius. So entstand, ausgehend von altem Kinderliedgut, eine elementare Musik, auf fundamentale anthropologische Einsichten gegründet, ein »geistiger Humus« (Orff), frei von didaktischem Reglement oder ideologischer Fixierung, aber musikerzieherisch allseitig offen, bis zur gegenwärtigen musiktherapeutischen Erprobung. In der Anfang der fünfziger Jahre publizierten, auf die Sprechübung zentrierten Neuform, die mit über tausend Modellen vom Namenruf und Kinderreim bis zur Klangeinrüstung großer Dichtung, von der melischen Arabeske bis zu großdimensionierten tänzerischen Rhythmogrammen reichte, ging das *Schulwerk* in vielfältigen Adaptionen über die ganze Welt. Die Transposition in bisher siebzehn Sprachen bestätigte die transkulturelle Tragfähigkeit der Idee.

Eine versammelnde Mitte wurde dringlich. Das Land Österreich schuf, einer Initiative des Mozarteum-Präsidenten Eberhard Preussner folgend, eine zentrale Lehr- und Ausbildungsstätte, gliederte sie als »Orff-Institut« der berühmten Musikakademie in Salzburg ein (Eröffnung 1963) und errichtete ihr ein eigenes Haus. Der rasche Tod des seit 1932 eng verbundenen Freundes Preussner war für Orff ein schwerer Verlust.

Der Beginn der dreißiger Jahre zieht zunächst die Summe der kompositorischen Erfahrungen des zurückliegenden Jahrzehnts. Als Orff um 1920 auf die Dichtung Franz Werfels gestoßen war, hatte er die überbordenden Bilder und Metaphern noch im Klavierlied einzufangen versucht. Jetzt sprengt Werfels Verzweiflungsschrei über die »alte, elende Zeit«, der sich hinter der hymnischen Attitüde verborgen hatte, die Liedform. Sie war erst recht untauglich für die Lyrik Bert Brechts und seinen »Tonfall der direkten momentanen Rede«. So tritt an die Stelle des Klavierliedes der Chor mit fundamentierenden Instrumenten. In der Großform der zu *Werkbüchern* zusammengeordneten *Kantaten* bewegt sich Orff zwischen großatmiger Hymnik, leierndem Songstil und plakativer Deklamation eines Sprechmusizierens. Eine progressive Idee verblüfft: er wollte die drei letzten Brechtsätze mit thematisch bezogenen, zeichensetzenden Filmmontagen kontrapunktieren.

Um so erstaunlicher gegenüber dieser Bilanz der zwanziger Jahre erscheint die gleichzeitige Wende in einen diametral entgegengesetzten Bereich geistiger Überlieferung. Es gleicht dem Einschlag eines Blitzes, als Orff 1930 in Sirmione am Gardasee bei den »Grotte di Catullo« auf einer bunten Postkarte das carmen 85 des im nahen Verona geborenen lateinischen Lyrikers findet:

> Odi et amo. quare id faciam, fortasse requiris.
> nescio. sed fieri sentio et excrucior.

»Diese Zeilen, kurz und wie gemeißelt, faszinierten mich, sie waren für mich Musik. – Ein Funke sprang über und hatte gezündet.« An diesem Distichon entdeckte er die antiken Sprachen der Mediterranea als künftige Vehikel seiner Kunst.

Seine Faszination entsprang einer typologisch verwandten Haltung. Der Musiker antwortete auf die Direktheit des Fühlens und Sagens mit melischer Flexibilität, transparentem Leuchten des Klanges und federnder Rhythmik. Er fing den Glanz der

Italianità ein. Das könne man, meinte er, im Boot treibend auf dem nächtlichen Gardasee singen.

Die ersten sieben A-cappella-Sätze kreisten zyklisch um eine Mitte: Catulls schicksalhafte Liebeserfahrung an der Römerin Lesbia. Hier lag, dem Autor wohl noch unbewußt, ein Sujet für ein künftiges Theater bereit. Aber der Bogen von der Renaissance-Schöpfung Monteverdis, erst recht aus der Kantatenatmosphäre der Werfel und Brecht, zu dem Neoteriker der Latinität war zu weit und kühn gespannt. Er bedurfte einer Zwischenstütze an der »verwitterten Römerstraße von der antiken zur modernen Welt« (so hat Ernst Robert Curtius das lateinische Mittelalter genannt). Es war der Codex Buranus, der Orff Mitte der dreißiger Jahre in Schmellers Neuausgabe in die Hände fiel.

Sein Durchbruch, von ihm selbst als Beginn seiner »gesammelten Werke« bezeichnet, erfolgte 1937 mit *Carmina Burana.* Er war zweiundvierzig Jahre alt, als er »da« war; aber er war sofort in voller Meisterschaft da. Seinen Weltruhm hat – trotz oder wegen der lateinischen Sprache – sein erstes Bühnenwerk begründet. Doch die Ironie des Rezeptionsmechanismus will es, daß es meist ohne Szene erklingt. Dieses scheinbare Defizit berührt die Eigenart von Orffs Theater. Er hat der Gattung nach eine Chorkantate geschaffen und sie »mit begleitenden Instrumenten und magischen Bildern« für die Bühne bestimmt, die szenische Ausformung jedoch offengelassen. Die musikalische Diktion ist visuell und gestisch so stark aufgeladen, daß sie merkwürdigerweise nicht auf die Szene angewiesen ist. Selbst die griechischen Tragödien konnten (1980) im Zirkus-Krone-Bau in München, das Endzeitspiel in Stuttgart (1977) und in München (1980) ohne Minderung ihrer Ausstrahlungskraft konzertant aufgeführt werden. Die Offenheit der *Carmina Burana* bringt freilich ein Risiko mit sich. Wo die Medien und der Kulturkonsum sich des Werkes bemächtigen, drohen Verschleiß, Überzeichnung und Pervertierung ins Triviale.

Orff ist ein konstruktiver Revolutionär des Theaters aus der Bindung an die Tradition. Er zielt nicht wie Wagner auf das Musikdrama als Gesamtkunstwerk, sondern stellt den paradigmatischen Zeigecharakter und die deutende Kraft der »Schauszene« (Novalis) einerseits, die magische Verzauberung durch Bild und Symbol andererseits in die raum- und zeitübergreifenden Dimensionen eines Theatrum mundanum. Dieses Theater ist enthusiastisch, ekstatisch und setzt die Gestimmtheit des Außerordentlichen voraus. Es stellt den Anspruch des Festspiels. Es ist optimistisch in einer pessimistischen Zeit.

Zur Verwirklichung dieses seines Theaters öffnet Orff getrennte Bereiche zueinander: Sprache, Musik, Bewegung, Tanz finden sich unter neue szenische Gesetzlichkeiten gestellt; Sprechtheater und Musiktheater führt er zusammen; lyrisches Sagen und episches Erzählen werden szenisches Spiel; Sprachen verschiedener Herkunft und verschiedensten Alters werden mit auratischer Dignität und symbolischer Kraft begabt; geschichtliche Epochen, Wendezeiten, Kulturräume geben ihre Bildarsenale frei. Sein magisches Theater öffnet sich mühelos mythischen Bildformen und Gestalten, religiösen Mächtigkeiten, ins Bild transformierten Philosophemen. Orff aktualisiert nie, aber gerade das macht seine Bühne, frei von Mode und Tagesgebundenheit, gültig. Er gleicht einem Schwimmer gegen den Strom, der sein Gesicht zu den Quellen gewendet hat.

So ist auch seine Musik originär und in einem vorartistischen Sinn elementar. Ihre Architektonik beruht auf blockhaften, pfeilerartigen Gerüstformen, auf Bordunen und Ostinati als Träger eines differenzierten Melos. Großdimensionierte, rhythmisch durchgegliederte, pointillistisch-farbige Klangfelder von vorharmonischer Flächigkeit bilden die Fundamente.

Orff hat keine absolute Musik geschrieben. Der Ursprung seiner Musik liegt immer in der Sprache und setzt die »poetische Idee« frei. Zwei Grenzbeispiele mögen das veranschaulichen. Das erste Lied des Sechzehnjährigen, *Frühlingsahnung* von Uhland, beginnt mit einer Rückung von Moll nach Dur. Darüber steht in noch kindhafter Bleistiftschrift: »Der Frühling schlägt die Augen auf.« In den letzten Takten seines letzten Werkes, des Endzeitspieles, tönt nach dem Ende des Kosmos die Weltstimme: ›venio ad te‹. Sie verebbt auf den Silben: ›ve-ni-o – ve – ve – ve-ni‹. Die letzte Verbalform kann entweder bedeuten: »Komm!« oder »Ich bin da!« oder beides, eine im Verlöschen zu Gott hinüberreichende Sprachklanggeste, deren Bildkraft an Michelangelos *Schöpfung Adams* in der Sixtina erinnert, wo die Zeigefinger von Schöpfergott und Geschöpf sich auf Berührungsnähe einander entgegenstrecken.

Orffs Bühnenwerke sind innerhalb von vier Jahrzehnten aus *einem* geistigen Kern in geheimer Konvergenz aufeinanderzugewachsen. Sie stellen sich in vier Bereichen dar.

Trionfi, gleich den namengebenden Prunk- und Maskenspielen der Renaissance Werke von »hohem Stil«, in-szenieren – ein prius non auditum – Lyrik, indem der Musiker typische Figuren und repräsentative Gestalten aus der Dichtung heraustreten läßt und sie in symbolischer Ermächtigung zu Trägern einer weltgültigen Rappresentazione macht.

Carmina Burana (1937) – *Catulli Carmina* (1943) – *Trionfo di Afrodite* (1953) sind eine gestufte Trilogie der Liebe: Fortuna als Imperatrix des Schicksalsrades, Catull als paradigmatische Figur dämonischer Verstrickung, Aphrodite als kosmische Liebesmacht. Mit der krönenden Epiphanie der Göttin fällt der kreatürliche Lustschrei des »Urpaares« im Ritual einer antiken Hochzeitsfeier zusammen. Orff-typisch der »Richtstrahl« in wachsende Zeitentiefe: vom Mittellatein des 13. Jahrhunderts, von Orff als europäisches Medium verstanden, zu den beiden größten Liebenden und Lyrikern der antiken Welt in ihren originalen Sprachformen. Catull hat Orff zu Sappho geführt. Es war seine erste Musikalisierung altgriechischer Dichtung.

Mit den »Märchenspielen« schließt sich Orff die Welt der »Einfachen Formen« auf. Die von den Brüdern Grimm aufgeschriebenen Märchen vom gestohlenen Mond und von der klugen Bauerntochter waren Weltmärchen voll mythisch verschlüsselter Erfahrungen und archetypischer Bilder. Orffs Um- und Zudichtungen in Verbindung mit alter Spruchweisheit machen die archaischen Fundamente sichtbar. So konnte *Der Mond* (1939) als *Kleines Welttheater* gelten. *Die Geschichte von dem König und der klugen Frau* (1943) aber rückte er so stark in die Nähe epischen Theaters, daß Brecht 1948 keine Aufführung des in Felsensteins »Komischer Oper« in Berlin inszenierten Stückes versäumt haben soll (nach H. H. Stuckenschmidt). Den *Mond* nannte Orff seinen »Abschied von der Romantik«. In der *Klugen* war ihm eine Synthese sublimierten Volkstheaters und hintersinniger Komödie gelungen, deren musikdramatische Durchschlagskraft sich darin bestätigt, daß das Stück schon 1958 in dreizehn fremde Sprachen übersetzt war und sowohl von der Farbigentruppe des Koramus Lyric Theatre in Cleveland (1949) als auch in Japan (1958) mit dem Fujiyama als Hintergrund einer Kabuki-Bühne aufgeführt wurde. »Das Weltmärchen war in die Welt zurückgekehrt« (Orff).

Mit dem *Bairischen Welttheater* betritt Orff seinen ureigenen Bereich. An dem heimischen Idiom wird der Szeniker zum Dichter. Er studiert den unerschöpflichen, farbenreichen Wortschatz seiner Muttersprache. Aber er kopiert nicht den Dialekt, sondern er inszeniert ihn: Er spielt, musiziert, tanzt mit der Sprache, so daß in der Rhythmisierung ihre gestisch-mimische Potenz selbst zum Geschehen wird. Diese Sprache ist »handelnde« Sprache, seine Theatersprache sui generis.

In seinem berühmt gewordenen »Einmanntheater« wurde er zum idealen Interpreten seiner selbst. Am Lesetisch, mit einem Bleistift als einzigem Requisit zum Markieren instrumentaler Rhythmen oder imaginärer Zeitquanten, vermochte der Magier der Szene ein von Klang und Bild schier berstendes Theater zu entfesseln, dessen sinnliche Direktheit ebenso verzauberte wie sein Hintersinn betroffen machte.

Der bajuwarische »Urtrieb zum Spiel« – Hofmannsthal hat ihn 1919 beschrieben – war in ihm sublimiert. Aber mit der Realitätsnähe des bayerischen Volkstheaters hat Orffs Theatersprache nichts gemein. Sie schafft im Gegenteil Realitätsferne. Sie entrückt das Geschehen in eine raum- und zeitenthobene Gegenwirklichkeit. Ihre freigesetzte archaische Kraft macht sie fähig, mit den antiken Sprachen eine selbstverständliche Symbiose einzugehen.

Die Passio humana der »Agnes Bernauer« (1947) ist das Exempel eines die Historie transzendierenden Welttheaters. Der dämonischen Vernichtungsorgie der hexischen »Perchten« – ein einzigartiges Paradigma Orffscher Sprachkunst – ist der himmlische Trionfo kontrastiert, in dem Legende, Mysterium und Apotheose verschmelzen. Die Bezeichnung »Bairische Antigone« stimmt zu Orffs Selbstverständnis: »Wie durch ein Transparent sieht man die Umrisse der antiken Tragödie aufleuchten.« Die sophokleische Antigonae wartete seit Jahren auf ihre Stunde. Seit 1940 arbeitete er daran.

Das gleichzeitig entstandene bairische Stück *Astutuli* (1953) nach dem Märchen von des Kaisers neuen Kleidern konnte als Satyrspiel gelten. Daß die »Stori« »in undenklicher Zeit« spielt, akzentuiert ihre zeitlose Aktualität. »Tratzen und Derblecken« bis zur ersten Publikumsbeschimpfung des deutschen Theaters ist die bajuwarische Variante von Aristophanes und Plautus. Aus den bald kraftstrotzenden, bald zärtlichen Rhythmogrammen der Sprache grinst die dämonische Maske politischer Verführbarkeit und Massensuggestion.

Ludus de nato Infante mirificus (1960) und *Comoedia de Christi resurrectione* (1957) sind nach Art eines Zweiflügelaltars zu einem »Diptychon« zusammengefügt. Um die zentralen Ereignisse der christlichen Heilsgeschichte aus dem zerspielten Klischee zu lösen, fand Orff das Prinzip der Spiegelung. Den dämonischen Gegenmächten – im

Weihnachtsspiel den Hexen, im Osterspiel dem Teufel – gelingt es nicht, Lichtgeburt und Auferstehung zu verhindern. Das heilige Geschehen selbst und seine Träger sind ausgespart. Es spiegelt sich im Zauberglas der Hexen, in den Traumberichten der Hirten, in den Dialogen der Grabwächter, in den Lichtern der »Kinder im Schnee«.

Erstmalig begegnet eine symbolische Verschränkung der Sprachen. Jede evoziert ein eigenes Potential an Bildern, Klängen, Zeichen; jede wird mit einer spezifischen Funktion begabt: das Bairische ist Mittler in Gespräch und Dialog; das Lateinische trägt die Chöre des Trionfo, erscheint aber auch in magischer Pervertierung der Lingua liturgica als Vehikel von hexischem Wetterzauber und teuflischem Versiegelungsbann; das Griechische aber ist ältestes und höchstes Wort: als Ertönen der Erdmutter, der Adonisklage um den toten Gott, der ostkirchlichen Osterliturgie. Die in die lateinischen Jubiluschöre der Anastasis hineinbrechenden Schmährufe des geprellten Teufels öffnen den Trionfo des Mysterienspiels zur Comoedia des Welttheaters.

»Abendländisches Welttheater« und »Theatrum Mundanum« – so hat Orff den letzten Schaffensbereich unterteilt. In *Antigonae* (1949) und *Oedipus der Tyrann* (1959) hat Hölderlin die Theatersprache des Sophokles ins Abendländische gewendet. Mit der Originalsprache des aischyleischen *Prometheus* (1968) und dem Epilog des »Spiels vom Ende der Zeiten« *De temporum fine comoedia* (1973) führte Orff sein Welttheater bis an die äußersten Grenzen.

Seine zentrale Theateridee der Rappresentazione, in *Trionfi* paradigmatisch verwirklicht, ist der Tragödie ihrer Natur nach eigentümlich. Sie zieht am Zuschauer vorbei als ein gewußtes Sichwiederereignen, dessen Ausgang – analog in der christlichen Passion – bekannt ist. So war Orffs Griff nach der Tragödie eine zwingende Konsequenz.

1914 hatte er in einer Münchner Aufführung der *Elektra* unter Strauss erlebt, wie die Tragödiensprache von der autonomen Musik des Überdramas überfahren wurde. 1940 begriff er an einer Hölderlinschen *Antigonae* in der Wiener Burg, daß das gesprochene Wort nicht ausreichte, daß es wieder »Musik und Geste« werden müsse. So wollte er Hölderlin »die Zunge lösen«. In einer bald starr gespannten, bald strömenden Rezitation, getragen von einem riesigen Instrumentalkörper – darunter Steinspiel, zehn javanische Gongs und sechs Klaviere –, versuchte er im Sinn der antiken Musiké das Wort, dessen »Tödlich-Faktisches« Hölderlin ins »Hesperische« verwandelt hatte, adäquat zu verwirklichen. Die Uraufführung der *Antigonae* fand – in der Felsenreitschule in Salzburg – wie in der Antike im Tageslicht statt.

Zehn Jahre später folgte *Oedipus der Tyrann*. Dieses Muster der Tragödie, in der alles »nur herausgewickelt wird« (Schiller), »alles Rede gegen Rede ist« (Hölderlin), um endlich den vom Rückstoß des Göttlichen getroffenen Schicksalsträger zu vernichten, verlangte die »rauhere Fügung« logisch harter Argumentationsketten. Orff eliminierte alles Opernhafte, raffte die Deklamation und führte die gegenstrebigen Spannungskurven zu einer Art metamusikalischen Sprechens.

Die Uraufführung in Stuttgart brachte nicht nur die Ehrendoktorwürde der Universität Tübingen, sondern auch Gastspiele in Paris (1963), Hamburg (1964), Berlin (1966) und Athen (1967). Walter Erich Schäfer, der Stuttgarter Intendant, hat erzählt, daß in dem Augenblick, als Orff den Umgang des Herodes-Atticus-Theaters betrat, sich die fünftausend Zuschauer spontan erhoben, um ihm zuzujubeln, während droben der Parthenon im Flutlicht strahlte wie ein Sternbild. Es muß einer der bewegendsten Augenblicke in Orffs Künstlerleben gewesen sein. Die Tragödie war zu sich selbst zurückgekehrt.

Der gefesselte Prometheus des Aischylos faszinierte Orff als symbolische Sinnfigur für den Homo deus wie für den Homo faber, eine für unsere Epoche hochaktuelle mythische Gestalt. Hier gab es keinen Hölderlin, keine »hesperische« Transposition. So entschied sich Orff nach langen Überlegungen und Sprechproben mit Freunden für die »orientalische« Originalsprache. Es mochte wie ein Irrwahn erscheinen; aber Orff glaubte an die Bewältigung durch den bei Hölderlin geübten »musikalisch-gestischen Sprachduktus«. Er gab die Versbindung auf und rüstete die Klangsubstanz der Sprache in permutierende rhythmisch-metrische Sinnglieder ein. Diese »Parasprache« macht – in Verbindung mit einem wahrhaft »globalen« Instrumentarium – die textimmanenten Gehalte in einer anderen Kommunikationsebene des Unmittelbaren auch ohne wörtliches Verstehen mitteilbar. Dazu kommt die mythische Großheit der »Schauszene«. In der Stuttgarter Uraufführung war einer riesigen, von einem unsichtbaren Puppenspieler leise bewegten Figur, die an einen romanischen Crucifixus gemahnte, der singende Darsteller zu ihren Füßen zugeordnet.

Sein letztes, persönlichstes Werk *De temporum fine comoedia · Das Spiel vom Ende der Zeiten · Vigilia* hat Orff einmal als »Wunschtraum eines Optimisten« bezeichnet. In Wahrheit thematisierte er darin seine »Theodizee«: Wann und wie endet das Böse? Eine Antwort fand er bei Origenes: »Omnium rerum finis erit vitiorum abolitio« – »Das Ende aller Dinge wird aller Schuld Vergessung sein«. Das Böse, inkarniert in dem gestürzten Engelsfürsten Lucifer, kehrt am Zeitenende in das Göttliche zurück. Dieses hypostasiert sich als Nūs, altgriechischer Bildbegriff des absolut gesetzten Geistes.

Die Figuren: Sibyllen, Anachoreten, endzeitliche Menschen, aus der Zeitentiefe beschworen, profilieren sich in wechselnder Zuordnung der symbolisch kontrastierten Sprachen des Griechischen, Lateinischen und Deutschen. Der Agon der Mächte vollzieht sich als Agon der rhythmisierten und musikalisierten Sprachen.

Das Werk endet – singulär bei Orff – mit einem Kanon für vier Violen *con sublima spiritualità*. Durch die strenge Ordnung der zeichenhaften Kreisform ist der verschlüsselte Choral »Vor deinen Thron tret' ich hiemit« durchzuhören. In dieser »Sphärenmusik« vollendet sich die Idee des Werkes.

Aber auch ein persönliches Zeichen hat Orff damit gesetzt. Der Kanon ist 1921 entstanden, zur gleichen Zeit, als er sich zum ersten Mal der gleichen Bildidee öffnete. In Werfels Gedicht *Des Turmes Auferstehung* nimmt der Weltenschöpfer am Jüngsten Tag alles Geschaffene in sich zurück. Das Gedicht hatte Orff zu einer seiner extensivsten Partituren inspiriert, die nie zum Erklingen kam. Er hat mit dieser Rückwendung zu sich selbst über ein halbes Jahrhundert hinweg seinen Schaffensbogen geschlossen.

Über sein Werk hätte Orff gleich Picasso sagen können: »Ich suche nicht, ich finde.« Er fand die rechten Stoffe, wenn der Kairos da war, dazu die hilfreichen Bücher zur

Unterfütterung des intuitiven Einfalls; er fand die rechten Freunde, Mitarbeiter und Interpreten bei der Realisation seiner Werke. Denn sein Leben und Tun regierte das Theater. Er beherrschte die Raumfunktionen der Bühne vom Spielbrett über das »Theater auf dem Theater« bis zum entgrenzten Symbolraum. Man mußte ihn bei einer Probe erlebt haben, um sein Gespür für das Stimmige zu bestaunen. Er sah blitzartig, was falsch oder schief war; aber er sagte nicht, was er für richtig hielt, sondern machte es vor. So fand der Belehrte auf seine eigene Weise die optimale Lösung. Orff arbeitete, manchmal über Wochen, mit Sängern und Darstellern. Er war Änderungen von der Praxis her zugänglich. Er besprach sich mit Dirigenten, Regisseuren, Bühnenbildnern. Mit vielen, von Caspar Neher angefangen, war er freundschaftlich verbunden. Seine Visionen setzten Maßstäbe und provozierten zu Höchstleistungen. Mancher hat an der Orffschen Szene zu einem eigenen Stil gefunden.

Zutiefst Gemeinsames verband ihn mit Wieland Wagner; es war ein gegenseitiges Geben und Nehmen. In archaischer Fremdheit und ohne Lichtregie – in Erinnerung an die schattenlose Sonne über der griechischen Skenē – hat Wieland Wagner 1956 in Stuttgart *Antigonae* inszeniert. Denn Orffs Bühne hat, so sagte er 1965, »mit dem alten Guckkasten nichts, mit Epidauros sehr vieles gemein«. Für seinen Bayreuther Stil hat Wieland von Orffs Theater entscheidende Impulse und Bestätigungen erfahren. Er wollte Bayreuth für den *Prometheus* öffnen; er durfte jedoch dessen Fertigstellung nicht mehr erleben.

Epidauros und Bayreuth haben Orff nie mehr losgelassen auf seiner Suche nach einem seinem Theater gemäßen Spielraum. Daß das Prinzregententheater in München, in dem er von zyklischen Festspielaufführungen seiner Großwerke träumte, als Spielstätte nicht zurückgewonnen werden konnte, war ihm ein Schmerz, zudem sich seine Heimatstadt nur zögernd seinem Werk geöffnet hatte. Als *sein* Theater empfand er die Bühne der Württembergischen Staatstheater in Stuttgart unter den Freunden Walter Erich Schäfer und Ferdinand Leitner, der mehrere seiner Werke uraufgeführt hat.

Nach Chronistenpflicht sind Lebensdaten nachzutragen. Es entsprach Orffs Wunsch, das Biographische auf unerläßliche Fakten zu beschränken. Seinem Leben blieben ohnehin äußerlich spektakuläre Ereignisse erspart. Seine Ehen folgten dem Gesetz verschiedener Lebensphasen.

Der Jugendehe mit der Sängerin Alice Solscher (1920–1925), deren Künstlerkarriere sich mit einer Familienbindung auf Dauer nicht vertrug, entstammte die Tochter Godela, die Bernauerin der Stuttgarter Uraufführung.

Gertrud Willert hat wichtige Schaffensjahre der Lebensmitte (1939–1953), vor allem während der äußeren und inneren Notzeiten des zweiten Weltkrieges, mitgetragen und mitgeformt. Nach der Scheidung baute sie aus Elementen des *Orff-Schulwerks* ihre weit ausstrahlende Lebensarbeit als Musiktherapeutin auf.

Die folgende »Künstlerehe« mit der Schriftstellerin Luise Rinser, 1954 mit großen Erwartungen begonnen, wurde nach gegenseitigen schmerzlichen Erfahrungen 1959 wieder getrennt.

Orffs letzte Ehe mit Liselotte Schmitz wurde 1960 in Kloster Andechs kirchlich geschlossen. Das Kind der bayerischen Heimatstadt verstand es, dem gastfreien Haus mit einem großen Freundeskreis vorzustehen, vielseitig und sprachenkundig die umfangreiche Korrespondenz zu meistern und für Orff mitplanend stets präsent zu sein. Nach seinem Tode hat sie das künstlerische Erbe in die Obhut des Freistaats Bayern gegeben, der 1990 im »Orff-Zentrum München, Staatsinstitut für Forschung und Dokumentation« eine repräsentative Arbeitsstätte geschaffen hat.

Eine Professur als Leiter der Meisterklasse »Komposition« an der Hochschule für Musik in München übte Orff von 1950 bis 1960 aus. Seine Schüler prägte er so, daß sie sich selbst fanden.

Reisen nach Japan und Kanada (1962), Portugal (1963), Ägypten und Senegal (1966) waren durch Einladungen im Rahmen der wachsenden Verbreitung des *Schulwerks* veranlaßt.

Zahlreiche Ehrungen in In- und Ausland fielen Orff zu wie reife Früchte. Unter anderem war er Träger der Friedensklasse des Ordens Pour le mérite seit 1956, des Großen Verdienstkreuzes mit Stern und Schulterband der Bundesrepublik Deutschland seit 1972, ferner Mitglied mehrerer Akademien. Den Dr. h.c. hatte schon der Gymnasiast beim Familienkrach um das verweigerte Abitur dem Senior der Orff-Familie trotzig prophezeit; er wurde ihm zweimal verliehen: zu Tübingen kam 1972 die Universität München.

1955 war Orff in die Landschaft seiner Jugend am Ammersee zurückgekehrt. Am Ortsrand von Diessen-St. Georgen oberhalb des Sees wurde eine neue Heimstätte nach den Plänen seines Schwagers, des Ökologen und Landschaftsarchitekten Alwin Seifert, errichtet. Naturwiesen mit uralten Bäumen, Quelle, Bach und Wald, mit seltenen Schmetterlingen und Vögeln, aber auch mit Haustieren von der Katze bis zum Pferd, umgeben die beiden Häuser: Wohnstatt und Werkstatt. Wenn die hohe, schlanke Gestalt, oft schon in den frühesten Morgenstunden, durch die verbindende Pergola ging, fielen seine schnellen, kurzen, fast tänzerischen Schritte auf. Er antizipierte schon im Daraufzuschreiten das für den Tagesablauf einer »gelebten Ordnung« (Hannelore Gassner) vorgenommene Pensum.

In seinem weiträumigen Arbeitszimmer stand der alte Flügel immer offen, umgeben von Stabspielen und Schlagwerk aller Art und Herkunft. Orff komponierte nicht am Instrument, aber er überprüfte ständig am Erklingenden. Seine ungewöhnlich großen Künstlerhände schienen spielend Maß zu nehmen, ob die Erfindung stimme.

In den Stunden der Muße und der Mahlzeiten – selten ohne Gäste – war er die selbstverständliche Mitte des Gesprächs. Es war getragen von der ihm eigenen heiteren Güte, Wärme und Strahlkraft seines Wesens. Freilich liebte der Theatermann die schützende und verwandelnde Maske. Er war ein großer Erzähler und Fabulierer. Mit blitzendem Humor erfand er oft bessere Pointen als die Geschichte selbst enthielt. Gedankenschnell konnte er Gesicht, Geste und Ton verändern, vom Derbsten zum Geschliffensten, vom Witz zum Tiefsinn. Die Skala reichte von der Pfiffigkeit eines alten Bergbauern bis zur Attitüde des Grandseigneurs und des Weltberühmten, der seine eingenommene

Haltung zugleich schmunzelnd ironisierte. In manchen seiner Bühnenfiguren sind selbstporträthafte Züge eingegangen. Das Illusionstheater der *Astutuli* kann auch als Eigenpervertierung seines »hohen Stils« gesehen werden. Die Köchin seiner Eltern nannte den Jungen ahnend den »Goggolori«. Bei dem Ruf des Gaglers: »Alles ist Phantasie!«, streckt auch Orff selbst verschmitzt den Kopf aus der Kulisse.

Sein letztes Dezennium gehörte der Arbeit an der achtbändigen *Dokumentation,* in der sein Schaffen unter Mitwirkung von Hannelore Gassner und einigen Freunden repräsentativ dargestellt wurde. Bis Weihnachten 1981 rang er den abnehmenden Kräften eine stetige Weiterarbeit ab, indem er sein Werk wie einen Schild dem erahnten Tod entgegenhielt. Zutiefst bewegte ihn die Endgestalt seiner Schöpfungen. Er spürte die moralische Verantwortung des Künstlers. Er, der niemals Fertige, hatte das Bedürfnis, die Tragfähigkeit des Geschaffenen durch Evokation vor sich selbst endgültig zu prüfen. Die Leidenschaft des Szenikers überfiel ihn dabei manchmal so stark, daß er die eigene Schöpfung wie ein Fremdes empfand, sie lobte oder tadelte. Die Stellen, die ihm wesensgemäß am tiefsten entsprachen, traten mit besonderer Leuchtkraft hervor: die Anastasis des Osterspiels, der Grabgang der Antigonae, die Klage des Prometheus, das chorische Lamento des Sophokles in *Oedipus der Tyrann:*

> Was soll ich singen?
> Nicht mehr zum unberührbaren geh' ich,
>
> Unglücklich aber gehet das Göttliche.

Er starb am 29. März 1982 in einer Klinik in München. Wie ein alter Baum auf seinem Landsitz zusammenzubrechen, blieb ihm versagt. Aber der Ammersee hat ihn heimgeholt, die Kirche hat dem Weltkind fürstliche Heimstatt gewährt. Er ist in der Schmerzhaften Kapelle der Klosterkirche zu Andechs beigesetzt, die auf dem Mons Sacer über einem uralten Heiltum errichtet ist. Zu Lebzeiten hatte Orff von den Fenstern seines Wohnhauses aus den Turm von Andechs quer über seinen See vor Augen gehabt. Jetzt kehrte sich nur die Blickrichtung um.

Über der Grablege hängt das Bildnis des Klosterstifters Herzog Albrechts III. von Bayern, des Gemahls der »Bernauerin«.

Auf der Grabplatte an der Kopfwand aber stehen unter dem Namen CARL ORFF die letzten Worte der »Vox mundana« seines Endzeitspiels:

SUMMUS FINIS.

Der Besucher erinnert sich nachdenklich, daß »finis« nicht nur »Ende«, sondern auch »Ziel« bedeutet.

Hannelore Gassner

FOTODOKUMENTE

aus der Zeit von 1978–1981

1955 kehrte Orff in die Landschaft seiner Jugend am Ammersee zurück. In Diessen-St. Georgen wurde seine neue Heimstätte errichtet.

Orffs Werkstatt, in deren Obergeschoß sich Orffs großes Arbeitszimmer befindet, ist durch eine überdachte Pergola mit dem Wohnhaus verbunden. Ihre Säulen geben dem Anwesen südländisches Gepräge.

Naturwiesen, alte Bäume
und Wald umgeben die beiden Häuser.

Die Tiere haben den Tageslauf
und die häusliche Atmosphäre mitbestimmt.

Carl Orff mit seinem Hund »Fidi«

und seiner Katze »Mucki«

Carl Orff mit seinen Pferden

Carl Orff mit seinem Pferd »Fridolin«

Robert Münster und Carl Orff

Die Partitur war Orffs ständiges Gegenüber.
Die Arbeit an der *Dokumentation* führte zu kritischer
Auseinandersetzung mit seinem Schaffen.
So erhielten Werke wie *Die Bernauerin* und die *Dithyrambi,*
Chorsätze nach Schiller, neue Konturen und Akzente.

Carl Orff und Wilfried Hiller 1980

Carl Orff mit seiner Frau Liselotte 1979

CARL ORFF

Klaus Rainer Schöll und Carl Orff 1980

Carl Orff mit Roland Hermann 1981

Gunild Keetman
und Carl Orff
1981

Carl Orff und
Colette Lorand
1980

Franz Xaver Ohnesorg mit Carl Orff

Orffs Gespräche mit Freunden und Mitarbeitern, von blitzenden Pointen durchsetzt, waren getragen von der ihm eigenen Heiterkeit, Wärme und Ausstrahlungskraft.

Carl Orff mit seiner Tochter Godela 1981

Anna Barbara Speckner mit Carl Orff 1981

Carl Orff
beim Patiencelegen
1979

Carl Orff mit Okeanos
aus der *Prometheus*-Inszenierung 1981

Carl Orff mit Gertrud Orff 1981

Carl Orff mit Gunild Keetman 1980

1981

1979

Carl Orff mit Heinz Arnold 1979

Klaus Rainer Schöll mit Carl Orff 1980

Günther Schneider-Siemssen mit Carl Orff 1981

Walter Haupt
mit Carl Orff 1981

Carl Orff mit Peter Michael Hamel 1981

Carl Orff und Robert Münster 1980

Roger Baron porträtiert
Carl Orff 1978

Konstantin Wecker und Carl Orff 1980

Carl Orff mit Hans Schwaighofer 1979

Orffs letztes Dezennium gehörte der Arbeit
an der achtbändigen *Dokumentation*, in der sein Schaffen
unter Mitwirkung von Hannelore Gassner und einigen
Freunden umfassend dargestellt wurde.

Carl Orff und Werner Thomas 1980

Hannelore Gassner und Carl Orff 1978

Walter Erich Schäfer mit Carl Orff 1979

Ernst Vögel, Hans Schneider und Hans Beck 1979

Anläßlich von Orffs 85. Geburtstag fand 1980 in Salzburg
ein Schulwerk-Symposium statt, bei dem Freunde und Mitarbeiter
aus aller Welt zusammenkamen.

Polyxene Mathéy
mit Carl Orff 1980

Carl Orff mit Gunild Keetman 1980

Carl Orff mit Hermann Regner 1980

Carl Orff mit Pavel Jurkovič 1980

Rafael Kubelik, Heinz Mende und Carl Orff 1980

Neben der Arbeit an der *Dokumentation* rang Orff um die endgültige Gestalt seines letzten Werkes *De temporum fine comoedia.* 1980 kam eine Neufassung unter der musikalischen Leitung von Rafael Kubelik zur konzertanten Erstaufführung.

Carl Orff und Gunild Keetman 1979

Carl Orff mit Heinz Schnauffer 1979

Wilfried Hiller und Carl Orff 1980

Wilfried Hiller, Günter Reich und Carl Orff 1980

Carl Orff im Herkulessaal der Münchner Residenz 1980

Carl Orff bei einer Klangprobe
des Violenkanons aus
De temporum fine comoedia 1981

Rafael Kubelik mit Carl Orff 1980

Carl Orff und Karl Peinkofer 1981

Günther Möller und Carl Orff 1981

Carl Orff und
Rudolf Schingerlin 1980

Jane Marsh, Carl Orff, Colette Lorand und Mechtild Gessendorf 1980

vorhergehende Seite:
Carl Orff in Andechs 1981

ANHANG

ZU DER AUTORIN UND IHREN BILDERN

Hannelore Gassner, gebürtige Österreicherin aus Klagenfurt, hatte seit 1973 im Hause Orff am Ziegelstadel in Diessen eine zweite Heimat gefunden. Es geschah alles ohne Absicht und ohne Plan. Sie hatte nach der Matura in der traditionsreichen Schule von Heinz Kindermann und Margret Dietrich Theaterwissenschaft und Kunstgeschichte an der Universität Wien studiert und plante eine Dissertation über das Schaffen von Carl Orff.

Aus einem ihr gewährten Vorstellungsgespräch wuchs gegenseitig spontanes Vertrauen. Die Studentin wurde unversehens zur Helferin und avancierte bald zur unentbehrlichen Mitarbeiterin.

Carl Orff, damals hoher Siebziger, hatte es an der Zeit gefunden, sein Schaffen zu überdenken und in einer auf acht Bände geplanten Dokumentation sein Werk aus eigener Sicht erinnernd darzustellen. Es entsprach Orffs Eigenart, daß ihm zeitlebens immer zur rechten Stunde die rechten Helfer zufielen. Diesmal war es Hannelore Gassner.

Das riesige Archivmaterial in Wort, Bild und Ton mußte als Gedächtnisstütze erschlossen, durchforstet und bereitgestellt werden. Zu den theaterwissenschaftlichen Voraussetzungen der neuen Mitarbeiterin kam eine hohe Sensibilität für die menschliche und künstlerische Eigenart des großen Szenikers und ein atmosphärisches Gespür für die wechselnden Bedürfnisse der verschiedenen Arbeitsphasen.

Die Hausgemeinschaft brachte es mit sich, daß Hannelore Gassner sowohl am Tages- und Jahreslauf des Alltags, als auch an besonderen Ereignissen teilnahm. Das verlockte zum privaten Festhalten des Einmaligen wie des Typischen. Sie begann, wiederum ohne Absicht, fast spielerisch, auf ihre Art bildlich zu »dokumentieren«, freilich ohne an Dokumentation, an professionelle Maßstäbe, schon gar nicht an eine eventuelle Publikation zu denken. Gerade das aber macht den Reiz dieser singulären Bilddokumente aus.

Sie sind zwischen 1978 und 1981 entstanden. Aber der begrenzte Zeitraum steht stellvertretend für ein Ganzes. Der *alte* Orff ist zugleich der *ganze* Orff. Das rechtfertigt auch die Wahl des einleitenden Essays, der seine Gestalt als Ganzes zu skizzieren versucht hat.

Die Bilder sind weder sogenannte »Schnappschüsse» noch repräsentative Porträtstudien, sondern eher meditative Dokumente gelebter Augenblicke eines schöpferischen und bis zuletzt tätigen Menschen, vorrangig bei sich »daheim« in der ihm eigenen Umgebung.

Ein Teil der Bilder war bereits in einer Ausstellung im »teatrino« des Orff-Zentrum München, Staatsinstitut für Forschung und Dokumentation, im Sommer des Eröffnungsjahres 1990 gezeigt worden.

Hannelore Gassner lebt heute in München und ist Archivarin im Orff-Zentrum München.

KURZBIOGRAPHIEN

Arnold, Heinz

Opernregisseur, geb. 1906 in Darmstadt, gest. 1994.

Studierte Musik- und Theaterwissenschaft an der Universität Frankfurt/M., München, Hamburg und Kiel. Von 1938–1950 Opernregisseur an der Staatsoper Dresden, ab 1950 Oberregisseur an der Staatsoper München. 1950 inszenierte er die *Antigonae* in Dresden, 1951 im Prinzregententheater in München. Hier folgte 1961 seine Inszenierung von *Oedipus der Tyrann.*

Abb. Seite 66: Heinz Arnold auf Besuch bei Carl Orff, 1979.

Baron, Roger

Graphiker und Porträtmaler, geb. 1929 in Wischershausen/Mecklenburg.

1948 Meisterschule für Graphik Hildesheim. 1949 Kunstakademie in München.

Abb. Seite 71: Roger Baron porträtiert Carl Orff, 1978.

Beck, Hans

Fotograf und Litograph, geb. 1925 in München.

Mitarbeit an der achtbändigen Dokumentation *Carl Orff und sein Werk.* Für die Ausstellung »Carl Orff, Fotodokumente – aus der Zeit von 1978–1981«, die 1990 anläßlich der Eröffnung des Orff-Zentrum München gezeigt wurde, stellte er die Farbvergrößerungen her.

Abb. Seite 79: Hans Beck mit Hans Schneider und Ernst Vögel bei einem Arbeitsgespräch in Diessen, 1979.

Gassner, Hannelore

Geb. 1943 in Klagenfurt.

Studium der Theaterwissenschaft und Kunstgeschichte. Ab 1973 Mitarbeit an der achtbändigen Dokumentation *Carl Orff und sein Werk* und Betreuung des Orff-Archivs. Ab 1985 Archivarin der Carl Orff Stiftung und ab Februar 1990 Bibliothekarin / Archivarin im Orff-Zentrum München. Publikationen: *Comoedia de Christi resurrectione, Der gefesselte Prometheus, De temporum fine comoedia.* In: Andreas Liess »Carl Orff. Idee und Werk«, Zürich 1977. *Zu Carl Orffs ›Freier Deutscher Neugestaltung‹ von Claudio Monteverdis ›Ballo Delle Ingrate‹* In: Beiträge zur musikalischen Quellenkunde. Katalog der Sammlung Hans P. Wertitsch in der Musiksammlung der Österreichischen Nationalbibliothek. Hrg. Günter Brosche, Tutzing 1989.

Abb. Seite 77: Carl Orff und Hannelore Gassner in der Klostergaststätte Andechs, 1978.

Gessendorf, Mechthild

Sopran, geb. 1937 in München.

Studierte an den Musikhochschulen München und Köln. Gastspiele an allen großen Bühnen der Welt. In der Bayerischen Staatsoper sang sie 1980 in der konzertanten Aufführung von *De temporum fine comoedia* die Partie einer Sybille.

Abb. Seite 96: Mechthild Gessendorf im Gespräch mit Carl Orff in einer Probenpause, 1980.

Hamel, Peter Michael

Komponist, geb. 1947 in München.

Studierte Komposition, Musikwissenschaft, Psychologie und Soziologie in München und Berlin. Seit 1971 ist er als Pianist, Organist und Interpret seiner eigenen Werke tätig. Auf drei mehrmonatigen Asienreisen wurde ihm die Begegnung mit der außereuropäischen Musik zum entscheidenden Erlebnis. Seit 1979 ist er Professor für Musiktheorie an der Hochschule für Musik in München. Er komponierte zahlreiche Orchesterwerke, Bühnenwerke, produzierte Schallplatten und ist Mitbegründer der international besetzten Improvisationsgruppe »Between«. Zusammen mit Carl Orff produzierte diese Gruppe für den WDR 50 Funkaufnahmen mit Improvisationen über Modelle aus dem Orff-Schulwerk.

Abb. Seite 69: Peter Michael Hamel besucht Carl Orff in Diessen, 1981.

Haupt, Walter

Komponist, Dirigent, Organisator, Klangarchitekt, geb. 1935 in München.

1955–1957 Studium an der Musikhochschule München, Komposition, Schlagwerk und Dirigieren. 1969–1986 Leiter der Experimentierbühne der Bayerischen Staatsoper. Seit 1979 künstlerischer Leiter der Linzer Klangwolke. 1978 realisierte er im Rahmen der Woche »München Kultur« mit Carl Orffs *Entrata* die erste Klangwolke über Münchens Innenstadt.

Abb. Seite 69: Walter Haupt besucht Carl Orff in Diessen, 1981.

Hermann, Roland

Bariton, geb. 1936 in Bochum.

Studierte Pädagogik, Anglistik und Musik an den Universitäten Freiburg/Br., Mainz, Frankfurt/M. und in den USA. Seit 1968 Mitglied des Opernhauses Zürich. Zahlreiche Gastspiele in In- und Ausland. Neben seinem Wirken auf der Bühne wurde er durch sein Auftreten im Konzertsaal und hier vor allem durch seine Liederabende bekannt. Als Konzertsänger trat er in den europäischen Musikzentren, in Nord- und Südamerika, in Ostasien und in Australien in Erscheinung. Bei Plattenaufnahmen sang er die Titelrolle im *Prometheus*, die er mit Orff einstudiert hatte. Die Partie des Prometheus übernahm er auch bei den konzertanten Aufführungen dieses Werkes in München 1975 und 1980. Er war der Kreon in der *Antigonae* 1981 in Zürich und 1989 bei den Salzburger Festspielen.

Abb. Seite 53: Roland Hermann besucht Carl Orff in Diessen, 1981.

Hiller, Wilfried

Komponist, geb. 1941 in Weißenhorn/Schwaben.

Musikstudium in Augsburg und an der Musikhochschule in München Komposition, Opernregie, Schlagzeug und Musiktheorie. 1968 machte er die Bekanntschaft mit Carl Orff, aus der eine über ein Schüler-Lehrer-Verhältnis hinausgehende Freundschaft entstand. 1971 wurde er Musikredakteur beim Bayerischen Rundfunk. Bei seinem ersten Aufenthalt in der Villa Massimo in Rom 1978 kam es zu der für seinen Werdegang maßgeblichen Begegnung mit Michael Ende. Nach dessen Texten entstanden viele seiner Kompositionen, so auch die bairische Mär *Der Goggolori*.

Abb. Seite 46/47: Wilfried Hiller und Carl Orff bei Korrekturarbeiten an *Dithyrambi*, Chorsätze nach Schiller, 1980.

Abb. Seite 90: Wilfried Hiller während einer Probe im Herkulessaal München, 1980.

Jurkovič Pavel

Musikpädagoge, geb. 1933 in Starý Poddvorow (Südmähren).

Besuch der pädagogischen Fakultät in Prag. Gesangsstudium, von 1958–1977 Mitglied der Prager Madrigalisten, von 1965–1976 Studium am Orff-Institut Salzburg, ständiger Mitarbeiter des tschechoslowakischen Rundfunks und Fernsehens. 1966 Gründung eines Orff-Seminars für tschechische Musiklehrer. Durch Vorträge, Schulungen und Rundfunksendungen setzt er sich für die Verbreitung des Orff-Schulwerks in der Tschechischen Republik ein. Publikation des Sammelwerks *Das Instrumentalspiel in der Schule*, 1989.

Abb. Seite 85: Pavel Jurkovič mit Carl Orff in Salzburg, 1980.

Keetman, Gunild

Musikpädagogin, Komponistin, geb. 1904 in Elberfeld, gest. 1990.

Studierte an der Hochschule für Leibesübung in Berlin und an der Güntherschule in München (Musik bei Orff). 1928 wurde sie Mitarbeiterin am Orff-Schulwerk und Hauptlehrkraft an der Güntherschule. 1949 erhielt sie einen Lehrauftrag für Orff-Schulwerk an der Akademie Mozarteum Salzburg, wo sie 1961 an der Gründung und dem Aufbau des Orff-Instituts beteiligt war. Sie wurde mit der Redaktion und weiteren Ausgaben des Orff-Schulwerks (Schallplatten, Filme) betraut. Als Mitautorin der ersten Ausgabe des Orff-Schulwerks ab 1930 und der endgültigen Fassung *Musik für Kinder* (5 Bde 1950–54) ist sie an der Ausgestaltung des elementaren Klangstils im Rahmen des Orff-Schulwerks maßgeblich beteiligt. Sie hat die Musik zu *Die Weihnachtsgeschichte* geschrieben (Text von Carl Orff), die 1948 im Bayerischen Rundfunk zum erstenmal gesendet wurde.

Abb. Seite 54: Gunild Keetman und Carl Orff bei Korrekturarbeiten, 1981.
Abb. Seite 64: Gunild Keetman und Carl Orff in Arbeitspausen.
Abb. Seite 65: Carl Orff bei Gunild Keetman in Breitbrunn am Chiemsee, 1979.
Abb. Seite 82: Gunild Keetman mit Carl Orff in Salzburg, 1980.
Abb. Seite 88: Gunild Keetman und Carl Orff bei einer Klangprobe, 1979.

Kubelik, Rafael

Dirigent und Komponist, geb. 1914 in Býchory bei Kolin.

Studierte am Prager Konservatorium. Ab 1942 künstlerischer Leiter der Tschechischen Philharmoniker. Anschließend ging er nach England, 1950 in die USA. Seit 1955 am Covent Garden Royal Opera House in London. 1961–1979 Chefdirigent des Symphonieorchesters des Bayerischen Rundfunks. 1966 dirigierte er die konzertante Aufführung von *Oedipus der Tyrann* in München und die Gesamtaufnahme dieses Werkes bei der DGG. 1975 leitete er die konzertante Aufführung von *Prometheus* und 1980 die von *De temporum fine comoedia* in München.

Abb. Seite 94: Rafael Kubelik im Gespräch mit Carl Orff in einer Probenpause, 1980.

Lorand, Colette

Sopran, geb. 1923 in Zürich.

Gesangstudium in Zürich und Hannover. Viele Jahre erste Sopranistin in Zürich, zugleich Mitglied der Frankfurter Oper. Sie sang auf fast allen Bühnen der Welt ein vielgestaltiges Rollenrepertoire, das von Mozart-Partien bis zu den Werken zeitgenössischer Komponisten reichte. Bei der Münchner Erstaufführung des *Prometheus* 1968 übernahm sie die Partie der Io, 1975 die Partie der Antigonae. Bei der Uraufführung von *De temporum fine comoedia* bei den Salzburger Festspielen 1973 war sie eine der Sibyllen, wie auch bei allen nachfolgenden konzertanten Aufführungen dieses Werkes.

Abb. Seite 54: Carl Orff bespricht mit Colette Lorand Korrekturen der Sibyllenszene, 1980.
Abb. Seite 96: Colette Lorand im Gespräch mit Carl Orff in einer Probenpause, 1980.

Marsh, Jane

Sopran, geb. 1945 in San Francisco.

Gesangstudium in San Francisco und New York. 1968 wurde sie Mitglied der Deutschen Oper am Rhein. Bei der Uraufführung von *De temporum fine comoedia* in Salzburg 1973 und bei der konzertanten Aufführung dieses Werkes in der Bayerischen Staatsoper 1980 sang sie die Partie einer Sibylle.

Abb. Seite 96: Jane Marsh im Gespräch mit Carl Orff in einer Probenpause, 1980.

Mathéy, Polyxene

Musikpädagogin, geb. 1902 in Athen.

Studierte am Leipziger Konservatorium Klavier und an der Güntherschule in München. 1938 gründete sie in Athen die »Schule Mathéy für Gymnastik und Rhythmik« und führte das Orff-Schulwerk in Griechenland ein. Auf Veranlassung von Carl Orff sammelte sie 1965 griechische Volkslieder und instrumentierte diese. Sie erschienen 1963/68 unter dem Titel *Griechische Kinderlieder und Tänze.* 1990 wurde Polyxene Mathéy mit der Orff-Schulwerk Auszeichnung »Pro Merito« geehrt.

Abb. Seite 83: Polyxene Mathéy erklärt Carl Orff das in Griechenland übliche Spiel mit dem Komboloi, Salzburg 1980.

Mende, Heinz

Chordirigent, geb. 1915 in Radebeulen bei Dresden, gest. 1987.

Studierte an der Orchesterschule in Dresden. Dirigent des Sinfoniechors der Dresdner Staatsoper. 1946 wurde er Chordirektor der Württembergischen Staatstheater Stuttgart und künstlerischer Leiter des dortigen Philharmonischen Chores. Seit 1953 war er Dozent an der Staatlichen Hochschule für Musik und darstellende Kunst in Stuttgart. Daneben hat er einen Gastvertrag als Chordirektor beim Bayerischen Rundfunk in München. Er brachte das gesamte Orff-Chorwerk zur Aufführung.

Abb. Seite 87: Gespräch bei einer Probe zur konzertanten Aufführung von *De temporum fine comoedia* im Herkulessaal der Münchner Residenz, 1980.

Möller, Günther

Schlagzeuger, geb. 1953 in Kassel.

Studierte am Mozart-Konservatorium in Augsburg und an der Hochschule für Musik in München. Seit 1976 erster Schlagzeuger beim Philharmonischen Orchester Augsburg. Publikation: *Das Schlagwerk bei Carl Orff*, 1995.

Abb. Seite 95: Carl Orff und Günther Möller bei einer Klangprobe, 1981.

Münster, Robert

Musikwissenschaftler und Bibliothekar, geb. 1928 in Düren.

Studierte an der Universität München. Von 1957–1959 Assisstent in der Editionsleitung der Neuen Mozart-Ausgabe. Seit 1959 an der Bayerischen Staatsbibliothek tätig, an der er 1969–1993 die Musiksammlung leitete. Zahlreiche Veröffentlichungen über Mozart und Mitherausgeber der Schallplattenreihe *Musicae Bavaricae*. Unter seiner Leitung wurden zwei Orff-Ausstellungen in der Bayerischen Staatsbibliothek gezeigt: »Carl Orff. Das Bühnenwerk« 1970 und »Das Orff-Schulwerk« 1978/79.

Abb. Seite 70: Carl Orff zeigt Robert Münster neue Arbeiten, 1980.

Ohnesorg, Franz Xaver

Diplomkaufmann, geb. 1948 in Weilheim/Obb.

Studierte Theater- und Musikwissenschaft, Kunstgeschichte und Betriebswirtschaft an der Universität München. 1979–1983 Orchesterdirektor der Münchner Philharmoniker und Leiter der Betriebsabteilung Gasteig. 1984 Direktor der Kölner Philharmonie wie auch Geschäftsführer der Kölner Musik GmbH. Als Direktor der Münchner Philharmoniker initiierte er die konzertanten Aufführungen von *Antigonae, Oedipus der Tyrann* und *Prometheus* im Münchner Zirkus-Krone Bau, 1980.

Abb. Seite 57: Franz Xaver Ohnesorg besucht Carl Orff in Diessen, 1981.

Orff, Gertrud

Musiktherapeutin, geb. in München.

Absolvierte in München und Basel ein Musikstudium. Bei Carl Orff ein Kompositionsstudium. War von 1939–1953 mit Carl Orff verheiratet. Mitarbeit am Orff-Schulwerk *Musik für Kinder*. Seit 1970 beschäftigte sie sich ausschließlich mit Musiktherapie und ist auf diesem Gebiet mit zahlreichen Publikationen hervorgetreten. Sie war langjährige Leiterin der musiktherapeutischen Abteilung am Kinderzentrum München. Hier entwickelte sie in der Arbeit mit Kindern die »Orff-Musiktherapie«. Seit Jahren ist sie Vorsitzende in der Sektion der Deutschen Gesellschaft für Musiktherapie und führt Ausbildungskurse im In- und Ausland durch.

Abb. Seite 63: Gertrud Orff besucht Carl Orff in Diessen, 1981.

Orff, Godela

Schauspielerin, geb. 1921 in München.

Ausbildung zur Schauspielerin. 17 Jahre Bühnentätigkeit, meist am Bayerischen Staatsschauspiel in München. Sie spielte 1947 in Stuttgart die Titelrolle in der Uraufführung der *Bernauerin*. Carl Orff hatte dieses Stück für sie geschrieben. 1968 wurde sie Dozentin für Sprecherziehung und Sprachgestaltung am Orff-Institut Salzburg. Später Leitung von Fortbildungskursen im In- und Ausland.

Abb. Seite 58: Godela Orff besucht ihren Vater in Diessen, 1981.

Orff, Liselotte

geb. 1930 in München.

Ab 1960 mit Carl Orff verheiratet. Seit seinem Tode 1982 ist sie Vorstand der Carl Orff-Stiftung, in die Orffs gesamter künstlerischer Nachlaß eingebracht wurde. Um diesen der Öffentlichkeit zugänglich zu machen, errichtete der Freistaat Bayern auf ihre Initiative hin das Orff-Zentrum München, Staatsinstitut für Forschung und Dokumentation. Es wurde am 10. Juli 1990 eröffnet. Für ihre Verdienste um den Erhalt, die Pflege und Verbreitung des künstlerischen Erbes von Carl Orff wurde ihr 1993 das Bundesverdienstkreuz erster Klasse verliehen.

Abb. Seite 48: Carl Orff gibt seiner Frau Liselotte Hinweise für eine Klangprobe, 1979.

Peinkofer, Karl

Schlagzeuger, geb. 1916 in München.

Studierte 1932–37 an der Akademie der Tonkunst in München (Violine, Klavier, Schlagzeug). 1945 trat er als erster Schlagzeuger in das Bayerische Staatsorchester ein. 1968 erhielt er einen Lehrauftrag für Schlaginstrumente an der Hochschule für Musik in München. 1969 veröffentlichte er ein *Handbuch des Schlagzeugs.*

Abb. Seite 95: Carl Orff bespricht mit Karl Peinkofer Korrekturen von *De temporum fine comoedia*, 1981.

Regner, Hermann

Musikpädagoge und Komponist, geb. 1928 in Marktoberdorf/Allgäu.

Studierte am Konservatorium Augsburg und an der Universität München Komposition und Dirigieren. Promotion zum Dr. phil. Lehrtätigkeit an der Staatlichen Hochschule für Musikerziehung in Trossingen, mit Orff-Schulwerk als Kernfach. Ab 1964 Dozent am Orff-Institut Salzburg, dem er auch viele Jahre als Direktoriumsmitglied vorstand. Durch zahllose Vortrags-Demonstrationsreisen, Kurse und Seminare in den verschiedensten Teilen der Welt trug er aktiv zum Verständnis und zur Verbreitung des Schulwerks im Ausland bei. Zahlreiche Veröffentlichungen auf seinem Fachgebiet. Kompositionen für Klavier, Schlagwerk, Kammermusik, Bläser und Chor.

Abb. Seite 84: Carl Orff im Gespräch mit Hermann Regner in Salzburg, 1980.

Reich, Günter

Bariton, geb. 1921 in Liegnitz/Schlesien, gest. 1989.

Gesangstudium an der Musikhochschule Berlin und in Mannheim. 1968 Engagement an der Staatsoper Stuttgart. 1977 übernahm er die Partie eines Anachoreten in der konzertanten Aufführung von *De temporum fine comoedia* in Stuttgart und 1980 in München. Im gleichen Jahr sang er den Kreon in der konzertanten Aufführung der *Antigonae* im Münchner Zirkus-Krone-Bau.

Abb. Seite 90: Günter Reich im Gespräch mit Carl Orff und Wilfried Hiller während einer Probe, 1980.

Speckner, Anna Barbara

Cembalistin, geb. 1902 in München.

Studierte an der Münchner Akademie der Tonkunst. 1927 baute sie mit Carl Orff den Musikunterricht an der Münchner Güntherschule auf, wo sie auch als Lehrkraft für Klavier, Harmonie sowie Improvisation wirkte. Sie gab Cembalokonzerte in ganz Europa und machte zahlreiche Rundfunk- und Schallplattenaufnahmen. Pionierarbeit leistete sie, indem sie englische Stücke aus der Shakespeare-Zeit zu neuem Leben erweckte. Sie leitete 1937–66 Cembalokurse an der Internationalen Sommerakademie und 1962–68 eine Cembaloklasse am Mozarteum in Salzburg. Ab 1966 unterrichtete sie am Salzburger Orff-Institut.

Abb. Seite 59: Anna Barbara Speckner zu Besuch bei Carl Orff in Diessen, 1981.

Schäfer, Walter Erich

Intendant, geb. 1901 in Hemmingen, gest. 1981.

Studium der Philosophie und Kunstgeschichte in Tübingen. 1926 Promotion in Religionswissenschaften. 1929–1934 Dramaturg am Württembergischen Landestheater. Von 1949–1972 Generalintendant der Württembergischen Staatstheater. In dieser Zeit wurden hier nahezu alle Orff-Werke aufgeführt. Davon waren vier Uraufführungen: 1957 *Comoedia de Christi resurrectione*, 1959 *Oedipus der Tyrann*, 1960 *Ludus de nato Infante mirificus*, 1968 *Prometheus*. Anläßlich der Uraufführung von *Oedipus der Tyrann* 1959 und zu Orffs 70. Geburtstag 1965 fand je eine Orff-Woche statt. Unter W. Erich Schäfer wurde die Stuttgarter Oper zur bedeutendsten Orff-Bühne.

Abb. Seite 78: Carl Orff liest Walter Erich Schäfer aus der Dokumentation vor, 1979.

Schingerlin, Rudolf

Schlagzeuger und Pauker, geb. 1930 in Wels/Oö.

Studierte Klavier und danach Schlagzeug und Pauke in Salzburg und München. Seit 1951 Pauker und Schlagzeuger im Mozarteumorchester Salzburg, unter anderem auch im Münchner Rundfunkorchester, an den Württembergischen Staatstheatern und beim ›Maggio musicale Fiorentino‹. Ab 1962 Dozent am Orff-Institut Salzburg. Als Solist Tourneen im In- und Ausland.

Abb. Seite 97: Carl Orff im Gespräch mit Rudolf Schingerlin in einer Probenpause im Herkulessaal der Münchner Residenz, 1980.

Schnauffer, Heinz

Organist, geb. 1915 in München.

Studierte an der Musikhochschule in München, Orgel und Kirchenmusik. Zahlreiche Konzerte im In- und Ausland.

Abb. Seite 89: Carl Orff und Heinz Schnauffer bei einer Klangprobe, 1979.

Schneider, Hans

Musikantiquar und Verleger, geb. 1921 in Eichstätt.

Er studierte an der Hochschule für Musik in München, sowie an den Universitäten München, Uppsala und Innsbruck Musikwissenschaft. 1949 gründete er ein Musikantiquariat, dem er 1959 einen musikwissenschaftlichen Verlag angliederte. Aus seiner persönlichen Freundschaft mit Carl Orff erwuchs die achtbändige Dokumentation *Carl Orff und sein Werk*.

Abb. Seite 79: Hans Schneider, Hans Beck und Ernst Vögel bei einem Arbeitsgespräch in Diessen, 1979.

Schneider-Siemssen, Günther

Bühnenbildner, geb. 1926 in Augsburg.

Studium an der Akademie für angewandte Kunst und an der Akademie für Bildende Kunst in München, verbunden mit einem vielseitigen Praktikum an der Bayerischen Staatsoper. 1951 als Ausstattungschef an das Landestheater Salzburg berufen. Seit 1962 an der Wiener Staatsoper, bei den Salzburger Festspielen und Osterfestspielen, sowie an der Metropolitan Opera und vielen internationalen Opernhäusern als Bühnenbildner tätig. Günther Schneider-Siemssen schuf die Bühnenbilder zur Uraufführung von *De temporum fine comoedia* bei den Salzburger Festspielen 1973.

Abb. Seite 68: Günther Schneider-Siemssen im Gespräch mit Carl Orff, Salzburg 1981.

Schöll, Klaus Rainer

Leiter der Bühnen- und Konzertabteilung des Musikverlags B. Schott's Söhne Mainz, geb. 1931 in Stuttgart.

Studierte an der Hochschule für Musik in Stuttgart Klavier, Tonsatz und Dirigieren. Während des Studiums Mitwirkung an der Staatsoper Stuttgart im Bereich Orchester (Schlagzeug, Pauke, Orgel und Cembalo). 1955 dirigierte er die Stuttgarter Erstaufführung *Der Mond* zu Carl Orffs 60. Geburtstag. 1957 Engagement am Landestheater Tübingen als Kapellmeister. Seit 1959 gehört er dem Musikverlag B. Schott's Söhne Mainz an und ist dort als Leiter und Prokurist der Bühnen- und Konzertabteilung tätig. 1967 gründete er das Mainzer Bläserensemble, das er von da ab leitet.

Abb. Seite 52: Carl Orff bespricht mit Klaus Rainer Schöll Korrekturen an *De temporum fine comoedia*, 1980.

Abb. Seite 67: Klaus Rainer Schöll im Gespräch mit Carl Orff, Diessen 1980.

Schwaighofer, Hans

Holzbildhauer, geb. 1920 in Oberammergau.

1933–1937 Ausbildung zum Holzbildhauer. 1947 Studium an der Akademie für Bildende Kunst in München. 1948 Lehrauftrag an der Fachschule für Holzbildhauer in Oberammergau. 1969 Direktor der Fachschule. 1977 Inszenierung, Bühnenbild und Spielleitung der Reformprobe für ein Passionsspiel nach Ferdinand Rosner (1750). Der Vorschlag für diese Passio Nova kam von Carl Orff, der auch bei der Verwirklichung des Reformversuchs der Oberammergauer Passionsspiele als Berater zur Verfügung stand. Ab 1984 freischaffender Bildhauer.

Abb. Seite 73: Carl Orff besucht Hans Schwaighofer in dessen Haus in Oberammergau, 1979.

Thomas, Werner

Musikwissenschaftler, Philologe, geb. 1910 in Wattenheim.

Studium der Musikwissenschaft, Klassischen Philologie, Germanistik und Geschichte in Heidelberg und München. 1953–1974 Leiter des Theodor-Heuss-Gymnasiums Ludwigshafen am Rhein. 1959–1963 Lehrbeauftragter für Musikwissenschaften an der Universität Heidelberg. 1965–1970 Gastdozent am Orff-Institut der Akademie Mozarteum Salzburg. Herausgeber der Jahrbücher des Orff-Instituts. Mitarbeit an der Dokumentation *Carl Orff und sein Werk* (1975–1983). Publikationen u.a.: *Carl Orff – De temporum fine comoedia*, 1973, *Musica Poetica*, 1977, *Das Rad der Fortuna*. Ausgewählte Aufsätze zu Werk und Wirkung Carl Orffs, 1990.

Abb. Seite 76: Carl Orff im Gespräch mit seinem langjährigen Mitarbeiter und Freund Werner Thomas, 1980.

Vögel, Ernst

Druckereibesitzer, geb. 1926 in München.

In seiner Druckerei in Stamsried wurde die achtbändige Dokumentation *Carl Orff und sein Werk* (1973–1983) hergestellt.

Abb. Seite 79: Ernst Vögel bei einem Arbeitsgespräch mit Hans Beck und Hans Schneider in Diessen, 1979.

Wecker, Konstantin

Liedermacher und Lyriker, geb. 1947 in München.

Studierte Komposition und Gesang in München, verbindet in seinen z. T. in bayrischem Dialekt geschriebenen Liedern Poesie und Zeitkritik; gründete 1976 das »Team Musikon«, mit dem er seine Platten und Konzerte selbst produziert. Schrieb zu zahlreichen Filmen die Musik. Erhielt 1977 den Deutschen Kleinkunstpreis. 1980 kam sein erster Gedichtband heraus.

Abb. Seite 72: Konstantin Wecker besucht Carl Orff in Diessen, 1980.

DANK

Das Zustandekommen dieses Buches habe ich in erster Linie der Initiative und dem unermüdlichen Einsatz von Hans Beck zu verdanken. Er hat auch die Farbvergrößerungen meiner Kleinbild-Colornegative hergestellt. Mein besonderer Dank gilt ebenso Manfred Lüer für die subtile Gestaltung des Buches.

Werner Thomas und Hans Jörg Jans, Direktor des Orff-Zentrum München, sowie Tillmann Roeder, Verleger dieses Buches, haben immer wieder Zeit für klärende Arbeitsgespräche gefunden und so den Entstehungsprozeß des Buches mitbetreut.

H.G.